Hubertus Scheurer
Daß Liebe unser Leben durchdringt …

Hubertus Scheurer

Daß Liebe unser Leben durchdringt …

Bibliografische Information Der Deutschen Bibliothek
Die Deutsche Bibliothek verzeichnet diese Publikation
in der Deutschen Nationalbibliografie;
detaillierte bibliografische Daten sind im Internet über
http://dnb.ddb.de abrufbar.

Bibliographic information published by
Die Deutsche Bibliothek
Die Deutsche Bibliothek lists this publication in the
Deutsche Nationalbibliografie;
detailed bibliographic data
are available in the Internet at http://dnb.ddb.de.

Herstellung und Verlag: Books on Demand GmbH, Norderstedt
ISBN: 978-3-8334-7977-9

Informationen über:
www.Hubertus-Scheurer.de

Inhaltsverzeichnis

Vorwort

Manches Gedicht beginnt mit Fröhlichkeit –
und endet mit Weisheit.

Willy Meurer, Aphoristiker und Publizist,
M.H.R. (Member of the Human Race), Toronto

Hubertus Scheurer ist ein Mann des Rechts – und ein Mensch mit einem hohen Maß an Gerechtigkeitssinn. Eine Tugend, die ihn zur kreativen Tätigkeit inspiriert. Denn ungerecht behandelt, verleumdet und diskriminiert, wächst in ihm der Widerstand – ein Widerstand gegen die scheinbar Mächtigen, gegen die Zensur seiner Texte, gegen den Rechtsapparat.

Daß dieser Widerstand sich in poetischen Versen komprimiert, in pikaresken Anekdoten, mit beißendem Spott für die gegenwärtig herrschende Verstrickung von Finanzadel und Presseorganen, führt zu einer Befreiung des Dichters und läßt uns teilhaben an einem Wunderwerk karnevalesker Verdrehung, grotesker Überspitzung und spielerischem Wortwitz; ein Feuerwerk, das sich in den bisher erschienenen Werken von Hubertus Scheurer manifestiert.

Die aufmerksam gelesene Lektüre bringt viel Tiefsinniges zum Vorschein: Eingestreut in die nimmer endende Geschichte von König Alfred und seinem Hanswurst tauchen immer wieder – wie beiläufig – lyrische Verse auf, die mit solch einer Weisheit, mit ihrer poetischen Klarheit und mit einer Allgemeingültigkeit unsere heutige Zeit reflektieren, daß der Leser tief durchatmet.

Diese Verse möchten wir in diesem Gedichtband vorstellen – und präsentieren damit eine Zusammenstellung ausgewählter Texte des Lyrikers, die generationenübergreifend Emotionen zu Liebe, Freundschaft, aber auch Gesellschaftskritik in wunderbare Worte fassen. Eine Lektüre für all jene, die sich in der Hektik des schnelllebigen 21. Jahrhunderts Zeit nehmen und sich für Poesie begeistern.

Simone Tenbusch
Mein Buch

Der Mensch

Gewaltig Urgeschehens Macht,
Die grollend aus dem Schlaf erwacht
Und wütend aus Vulkanes Schlund,
Aus unergründbar tiefem Grund
Ans Tageslicht ergießt die Flut
Aus Gas, Gestein und Feuerglut.

Niemand kennt den Weg der Massen,
Die sich durch nichts mehr lenken lassen,
Und hier zum Unheil, dort zum Segen
Der Erde ihre Last auflegen.

Steine geschleudert in die Sphären
Rasend zur Erde wiederkehren,
Kein Stein kann seiner Bahn entfliehn,
Der Zufallslenkung sich entziehn.

Ein Stein zerschellt beim Aufprall gleich,
Ein andrer fällt behutsam weich;
Der eine landet zwischen Blumen,
Der andre zwischen Schotterkrumen.

Der Stein bleibt nicht an einem Ort,
Von außen her trägt es ihn fort;
Ihm fehlt, das was zum Mensch erhebt,
Die eigne Kraft, die in uns lebt.

Was unterscheidet sonst die beiden?
Ob sie ins Nichts ganz gleich verscheiden?
Der Mensch kann durch sein Tun auf Erden
Für die Erlösung würdig werden.

Träumen ein Lebenselixier

Die Zeit, die Du verbringst mit träumen,
Betrachten andere als säumen;
Mißt man die Schönheit der Natur,
Denn auch an ihren Zwecken nur?

Wenn Euch umgibt ein Blütentraum,
Die Sonne um Euch wirbt,
Zwängt Ihr sie dann in einen Raum
Wo Schöpfungsglanz erstirbt?

Kennt Ihr bestimmt des Lebens Sinn,
Das, was man tut mit Recht,
Und lebt nicht selbst nur so dahin
Als eigner Weisheit Knecht?

Verbringen Menschen Zeit mit träumen,
Wird schnell gesagt, es wäre säumen;
Der Menschen Stoff, das Wort fällt ein,
Soll gleich dem ihrer Träume sein.

Wenn ich aus Stoff wie Träume bin,
Führt träumen mich zu mir,
Führt uns zu unsrem Wesen hin,
Ist Lebenselixier.

Kennt Ihr bestimmt des Lebens Sinn,
Das, was man tut mit Recht,
Und lebt nicht selbst nur so dahin
Als eigner Weisheit Knecht?

Meinem Vormund

In früher Jugend lernte ich
Des Schicksals Macht schon kennen;
Die lieben Eltern mußten sich
Auf ewig von mir trennen.

Der Vater zeigte mir bewußt
Des Lebens Ernst und Sorgen,
Doch spürt ich auch der Kindheit Lust
Und war bei ihm geborgen.

Sollt ich nun plötzlich ganz allein
In dieser Welt bestehen,
Den Pfad durch loses Felsgestein
Am Rand des Abgrunds gehen?

Du warst sofort dazu bereit,
Mir Deine Hand zu geben;
Von Dir bekam ich das Geleit
Für meinen Weg im Leben.

Du hast, ich brauchte das so sehr,
Mir Fehlendes ersetzt,
Und wurdest mir, was gibt es mehr,
Zum guten Freund zuletzt.

Heut ist der Tag, an dem ich nun
Wohl mündig bin an Jahren;
Kann dadurch unser beider Tun
Veränderung erfahren?

Was wir so fest in uns geprägt,
Kann kein Gesetz entweihen;
Die Saat, die Du in mich gelegt,
Ich wünsch, sie mög gedeihen.

Am heutgen Tage sage ich
Besonders herzlich Dank,
Als Schuldner fühl und weiß ich mich
Mein ganzes Leben lang.

Für einen älteren Freund

Wie ist das Herz so fröhlich, der Seele Stimmung mild,
Ich schaue weltvergessen ein zauberhaftes Bild!
Nur staunend dürft ich stehen, in Deines Anblicks Bann,
Schuld trägt wohl meine Freude, wenn ich nicht schweigen kann.

Welch Glück! Trifft man beim Wandern heut noch so einen Baum,
Der allen Stürmen trotzend behauptet seinen Raum,
Und so der Zeit entgegen die Schönheit hat bewahrt,
Die sich mit Kraft und Stärke zu einem Ganzen paart.

Der seine mächtgen Wurzeln im Boden tief versenkt,
Planvoll in siebzig Jahren ihr Wachsen hat gelenkt;
Ein Fundament geschaffen, dem eignen Stamm zum Halt,
Gibt auch dem Leben um sich Bereicherung, Gestalt.

In dessen Blätterfülle, dem stämmigen Geäst
Der Vögel viele bauten in seinem Schutz ihr Nest;
In dessen hoher Krone der Sonnenstrahl sich bricht,
So sei es und so bleib es, dann stirbt das Menschsein nicht!

Auf und ab

Es wird schon wieder werden,
Darum sei mir nicht bang;
Die Zeit hier auf der Erden
Währt für uns lebenslang.

Man kann ihm nicht entweichen
Dem ewig »auf und ab«;
Die Armen wie die Reichen
Hält gleichsam es in Trab.

Drum laß die Wolken ziehen,
Die Zeiten ändern sich;
Versuch nicht zu entfliehen,
Denn so bewährst Du Dich.

Ein stilles Gebet

Wir gleiten dahin und alles fließt,
In Freude und Leid;
Das Auge so hell die Träne ergießt,
Wie schön, daß Ihr seid!

Die Welt verliert sich in ihrem Streben,
In Habgier und Neid;
Es zählt, wie wir in unsrer Welt leben,
Ein Glück, wie Ihr seid!

Weil all das mir Liebe einmal vergeht,
Aus Freude wird Leid;
Trag ich im Herzen ein stilles Gebet,
Daß lange Ihr seid!

Strömt Liebe ...

Ein Jahr, das wir erlebt, im Rückblick schauen,
Ist es verloren als ein stiller Raub der Zeit?
Was wir mit schwerer Mühe uns erbauen,
Trägt es im Keim den Odem der Vergänglichkeit?

Dann wären wir ein Spielzeug fremder Mächte,
Der Willkür preisgegeben, wehrlos in der Tat,
Und wenn man uns den größten Reichtum brächte,
Es wär nur Schein, wär eine unheilvolle Saat.

Nicht so, wenn wir aus eigner Kraft uns formen,
Daß eine dauerhafte reine Welt entsteht;
Strömt Liebe aus der Quelle edler Normen,
Blüht wahre Schönheit, die zu keiner Zeit vergeht.

Mein liebster Schatz

Mein liebster Schatz ich träume mich
Von einem Tag zum andern;
Mein Herz schlägt ganz allein für Dich,
Welch' Lust mit Dir zu wandern.

So möcht ich gern mit dir vereint
Durch dieses Leben gehen,
Wo täglich uns die Sonne scheint,
Wir so viel Schönes sehen.

Ich fühle Deine liebe Hand,
Laß mich sie immer halten;
Wir wollen uns ein Wunderland
Von höchstem Glück gestulten!

Wahlverwandtschaft

Lebensweg mir unbekannt,
Einsam unterlegnes Ringen,
Dank Euch liebvoll wahlverwandt
Und im Herzen nun ein Singen.

Jubelvolles Nahesein!
Schöpferisches freies Denken,
Unser Herz nicht mehr allein,
Glück, das wir einander schenken.

Darin liegt mir soviel Sinn,
Mög es immer sich erhalten;
Trost und Freude als Gewinn
Und ein göttliches Gestalten!

Herbstbild

Leben Dich fassen, Dich zu verstehn,
Gibt mir der Herbst vielleicht die Gedanken;
Wie im Winde die Blätter verwehn,
Mächtige Bäume ächzen und wanken.

Deutlich das Bild der herbstlichen Zeit:
Leben, Vergehen so eng verbunden;
Mahnendes Zeichen der Ewigkeit,
Aufruf zur Würde wahrhafter Stunden.

Ächzen, wanken, im Winde verwehn,
Flüchtiges Sein auf schwebendem Rund,
Glauben die Menschen so sicher zu stehn,
Fehlt ihnen Tiefe, fehlt auch der Grund.

Licht der Einsamkeit

Einsamkeit ist unser Wegbegleiter,
Kraft und Mut des Lebens Forderung;
Unaufhaltsam läuft im Wechsel weiter,
Freude, Jubel; Leid Erschütterung.

Sich vollenden, Ruhe Welt dir fern,
Nur durch Pflege, Streben wird erhalten;
Licht gibt uns der Schöpfung Gnadenstern,
Einen Garten planvoll zu gestalten,

Wenn für Dich der Partner sich gefunden,
Deinem Herz in Liebe fest vereint;
So besteht Ihr auch die schwersten Stunden
Und lebt doppelt, wenn Euch Sonne scheint.

Gebärde

Unaufhaltsam weitereilen,
Der Gewinn verlorne Zeit;
Suchen wir im Glück Verweilen,
Wahnwitz der Vergeblichkeit.

Was als eigen Dir verheißen,
Aus dem Innersten erbaut,
Wird man Dir doch nur entreißen,
Ungehört Dein Schmerzenslaut.

Und was bleibt, ist der Gebärde
Lächerliche Formbewegung;
Richtungsweisend, fern der Erde
Wider tief empfundne Regung.

Hell wie dunkel dieser Weg,
Dich besitzen sich ersehnt,
Bis sich Deines Fußes Steg
Ganz entzieht und Leere gähnt.

Lebenswaage

Schalen unsrer Lebenswaage,
Auf und ab im Takt getragen;
Zählt die Freude und die Plage,
Nehmt hinfort von unsren Tagen.

Von dem Gegensatz bewegt,
Der euch senkt und wieder hebt;
Menschen Glück und Trauer trägt,
Weil Begehren in uns lebt.

Läßt uns Ruhe nie erreichen,
Macht die Zeit uns überlegen;
Sie bestimmt und stellt die Weichen,
Unsrem Wunsche stets entgegen.

Wird sie lieb, verspricht Gewinn,
Kann keine Macht sie halten;
Ist sie Qual und ohne Sinn,
Scheint Ewigkeit zu walten.

Zeit wird feindlich immer bleiben,
Wenn die Schalen sich bewegen;
Läßt der Mensch sich nicht mehr treiben,
Kann er sie in Ketten legen.

Wehmut

Die Welt schmeckt mir nach Abschied,
Auch wenn ich glücklich bin,
Als ob ein Hauch vorbeiflieht,
Trübt Wehmut meinen Sinn.

Der Herbst ist eingezogen,
Die Blätter fallen still;
Nie ward noch ausgewogen,
Was dieses Leben will.

Es bleibt mir eine Hoffnung,
Daß Liebe nicht vergeht,
Und wenn sie in Verzweiflung
Nur über Gräber weht.

An was solln wir uns binden?

An was solln wir uns binden,
Kann es ein Glaube sein;
Wenn Liebende sich finden,
Stehn sie nie mehr allein?

Wie soll man auch verstehen,
Daß Glück ein Zufall ist,
Und was zuvor geschehen
Ein Trug, den man vergißt?

Wir müssen uns fest binden
In uns, ehrlich bestrebt,
Und können Treue finden,
Solang sie in uns lebt!

Nah bei dir

Kleinen Wassertropfen gleich
Schwimmen wir im Strom des Lebens,
Durch ein buntes Erdenreich,
Wer zurück will strebt vergebens.

Reißend schnell am Wasserfall
Stürzt der Strom im Übermut,
In ein Becken strömt der Schwall
Und entmachtet wird die Flut.

Jeder Tropfen ist bereit,
Einen anderen zu halten;
Es verhilft die Einigkeit
Auch dem Kleinsten zu gestalten.

Wie das Wasser müssen wir
Manche Stufe überwinden,
Und als Tropfen nah bei Dir
Bin ich alle Zeit zu finden,

Bis wir an der Schwelle stehen,
Wo ein jeder geht allein;
Können wir uns nicht mehr sehen,
Wird das Herz Begleiter sein.

Schönheit

Schönheit, dies von Göttern ausgeliehne Pfand,
Liegt versteckt im Herzenslabyrinth,
Niemals war es sichtbar als ein Gegenstand,
Zeigt sich nur, wo reine Töne sind.

Dort erhebt es, bildet eigne Welten
Und vertieft den äußerlichen Glanz;
Gleichmaß hat für alles Tun zu gelten,
Liebe ist der Schönheit Lorbeerkranz.

Denk mal!

Verlorenen Söhne zur Ehre
Das Denkmal aus grauem Gestein;
Man stieß sie in trostlose Leere,
In blutige Gräber hinein.

Verzweifelt die einsamen Schreie,
Vom Sturme des Kampfes verweht;
Wir sehn sie in trotziger Reihe,
Ihr Schicksal im Bilde verdreht.

Sie wurden ums Leben betrogen,
Der Sinn bleibt in Frage gestellt,
Doch glorreicher Schein ist erlogen,
Nur Grauen erfüllte die Welt.

Weihnacht

Weihnacht, einer Kerze milder Schein
Strömt behutsam feierlichen Glanz,
Ins Gemüt, in unsre Seelen ein
Und erfüllt uns in der Andacht ganz.

Einer Andacht still im eignen Sein,
Fern der Welt die lärmend rauh sich gibt,
Und wir träumen schöpferisch allein
Von der, die im ewiglichen liebt.

Weihnacht, einer Kerze strahlend Licht
Für den Glauben an die schönre Welt,
Strömt sie Glanz, stirbt auch die Hoffnung nicht,
Unser Weg wird dann von ihr erhellt.

Trinkspruch

»Ich denke, also bin ich«
So dacht ich, und ich war,
Freut mich darüber innig,
Denn der Beweis ist klar.

Doch sind nicht auch die vielen,
Die niemals noch gedacht?
Hier Klarheit zu erzielen,
Wär sicher angebracht!

Die jedenfalls, die denken,
Sind wirklich, das zum Trost;
Dem Menschen Geist zu schenken,
Ist Schöpfungsakt, drum Prost!

Wahre Liebe

Welch' wunderschöner Inhalt für ein Leben,
Die Liebe als das Wahre zu verstehn;
Sich einem Menschen wirklich ganz zu geben,
Das eigne Sein in ihm erhellt zu sehn.

Wer so strebt sich im andern zu vollenden,
Erreicht ein hohes Ziel, doch braucht er Mut,
Denn sollt' das Schicksal gegen ihn sich wenden,
Erlischt in seinem Herz die Liebesglut.

Wiewohl es lohnt, nach höhrem Sinn zu streben,
Weil nur das Schöne Würde uns verleiht,
Sich über das Gemeine zu erheben,
Verkörpert durch die Masse alle Zeit.

Das Leben geht weiter

So geht es — es quietscht, es klirrt und kracht,
Scheinwerfer, Schrecken, Nacht!
Der Schädel geborsten, das Blut sekundär,
Es war einmal und wird nimmermehr.

Das Leben geht weiter, es freut sich dahin,
Ringsum jedenfalls, sucht nicht nach dem Sinn;
Realität ist das und kein Wahn,
Zehntausend jährlich im Sturz aus der Bahn.

Und wenn es für Dich nicht heute war,
Zum Trost sind die einsamen Wege nicht da;
Sie drohen und lachen und warten,
Auf einsam verlassene Jahrten.

Bin ich denn nichts?

Wenn andere die Schafe zähln,
Dann zähle ich die Toten,
Und wie sie vor mir auferstehn,
Erscheinen sie als Boten.

Weißt Du noch wie es gestern war?
Es ist doch Jahre her!
Sie lächeln mir die Antwort zu:
Zeit fühlen wir nicht mehr.

Bin ich denn nichts als Illusion
Im schnellen Strom der Zeit?
Die toten Boten sagen mir,
Das Ende ist nicht weit.

Nun so fährt man ...

Nun so fährt man durch die Straßen
Und man fährt, man fährt und fährt,
Und man denkt, denkt gleichermaßen,
Fühlt wie sich das Selbst verzehrt.

Bäume, Häuser fliehen, fliehen,
Fliehen flüchtig wie der Wind,
Die Gedanken ziehen, ziehen,
Bis auch sie verloren sind.

Flüchtig wie der Augenblick
Geht die Zeit dahin,
Wird die Frage uns gestellt
Nach des Lebens Sinn.

Und wir fühlen Rausch und Qualen,
Unsre Straße flieht und flieht;
Denkgefühle mahlen, mahlen,
Fassen nicht, was da geschieht.

Rauschen

Rauschen, rauschen wird Gewohnheit,
Hört man deshalb wohl nicht mehr;
Rauscht das Leben, Quellen rauschen,
Rauschen leer und werden leer.

Weckt im Rausch mich eine Stimme,
Ja ein Vogel der dort singt!
Die von damals sind gestorben,
Ob es noch genauso klingt?

Frage nicht und schaffe weiter,
Schaff Dich weiter wie der Wind;
Rauschen und im Rausch verloren
Bis wir ohne Atem sind.

Das könnte schon alles gewesen sein

Das könnte schon alles gewesen sein,
Genügend zu essen, ein Gläschen Wein
Und nie ein hungriger Magen.

Im großen und ganzen ziemlich gesund,
Nicht gekuscht, kein Mensch verbot mir den Mund,
Da sollte ich wohl nicht klagen.

Das könnte schon alles gewesen sein,
Die Mühen und auch die Stunden allein,
Und doch ist mir etwas geblieben.

Ich wurde ganz sicher ein bißchen geliebt,
Erfuhr, daß es Güte und Freundschaft gibt,
Vermochte auch selber zu lieben.

Das könnte schon alles gewesen sein,
Ein Kinderlächeln, mal Sonnenschein,
Was hätte es sonst noch zu geben?

Du willst wissen, was ist des Lebens Sinn?
Das war doch schon was, ich mein immerhin,
Man kann mit viel weniger leben, eben!

Reichsein ein Traum?

Reichsein klingt wie Märchenland,
Wie ein schöner Traum;
Wer sich vom Schein nicht blenden läßt,
Weiß, so ist Reichsein kaum.

Der eine hat von allem viel,
Fühlt dennoch niemals sich am Ziel;
Besitzt ein Teil er, braucht er mehr,
Läuft gleich dem nächsten hinterher.

Der andre hat ein schönes Stück,
Dadurch empfindet er schon Glück;
Wer ist da wohl der reiche Mann?
Bestimmt der, der mit wenig froh sein kann.

Der eine lebt im Überfluß,
Wird niemals satt, will mehr Genuß,
Umgibt ihn Schönheit, sieht er's nicht
Und gar nichts sagt ihm ein Gedicht.

Den andren freut ein gutes Wort,
Ein Schmetterling, ein hübscher Ort;
Wer ist da wohl der reiche Mann?
Bestimmt der, der mit wenig froh sein kann.

Der eine schwimmt in seinem Geld,
Er kauft sich alles, was gefällt;
Auch Menschen drängen zu ihm hin,
Sie haben nur sein Geld im Sinn.

Der andre, der liebt seine Frau,
Er wird geliebt, weiß das genau;
Wer ist da wohl der reiche Mann?
Der, den man liebt, der Liebe geben kann.

Reichsein klingt wie Märchenland,
Wie ein schöner Traum;
Wer sich vom Schein nicht blenden läßt,
Weiß, so ist Reichsein kaum.

Rote Träume, braune Träume

Rote Träume, braune Träume –
Wacht auf Träumer, kommt zurück!
Es gibt hoffnungsvolle Räume,
Auch für Euch ein bißchen Glück.

Blinder Haß, was soll er bringen,
Eine gute, bessre Welt?
Oder wird damit gelingen,
Daß sie aus den Angeln fällt?

Rotes Träumen, braunes Träumen
Hüllt die Träumer wohlig ein;
In den rosaroten Räumen
Braucht man nicht man selbst zu sein.

Doch Ihr könntet wohl erwachen
Einst in einem neuen Knall,
Wenn die Traumgespenster lachen
Über Euren letzten Fall.

Unsre Welt kann manches geben,
Träumer macht sie nicht so mies;
Werdet sonst im Fall erleben,
Sie war schon das Paradies.

Die Zeit ist kalt

Wir leisten uns jährlich zehntausend Tote,
Sie sterben alle im Straßenverkehr;
Kommentar in der Zeitung als Fußnote:
Es waren zu viele, doch zum Glück nicht noch mehr.

Wir Menschen leisten uns immer noch Kriege,
Das Fernsehen liefert die Greuel frei Haus;
Da macht man es sich bequem auf der Liege
Und hat man genug, dann schaltet man aus.

Die Welt leistet sich immer teurere Waffen,
Dabei fehlt es vielen Menschen an Brot,
Doch was haben wir mit dem Elend zu schaffen?
Wir leben ganz gut, kennen selbst keine Not.

Die Zeit ist kalt in der wir leben,
Weil die Menschen nur für sich selber streben;
Es fehlen Gefühl und die Tränen zum Weinen,
Wir leiden nicht mit und trauern um keinen;
Das Leben geht weiter, es plätschert dahin,
Wer fragt denn schon nach dem Sinn?

Die Blume der Freiheit

Die Blume der Freiheit braucht pflegende Hand,
Geleitet vom Herzen, gelenkt vom Verstand;
Nur so kann sie leben, beständig gedeihn,
Den Menschen verhelfen zu würdigem Sein.

Die Blume der Freiheit, sie blüht wunderschön,
Doch leider läßt oft man im Schatten sie stehn;
Ihr Platz wär im hellen, im sonnigen Licht,
Zu viele Menschen beachten sie nicht.

Erst wenn sie zertreten, ihr Dasein vergeht,
Wird ihrer gedacht, es ist dann zu spät.
Die Blume, nun Opfer gewaltsamer Macht,
Entfaltet als Wunschtraum die herrlichste Pracht.

Wie gern hätte man jetzt die Blume zurück,
Dieses Unterpfand für das menschliche Glück;
Die Blume zu sehen, wird zum höchsten Sinn,
Dafür gaben Menschen ihr Leben schon hin.

Die Blume der Freiheit braucht pflegende Hand,
Geleitet vom Herzen, gelenkt vom Verstand;
Nur so kann sie leben, beständig gedeihn,
Den Menschen verhelfen zu würdigem Sein.

Der Tod als Freund

Tod, Du konntest mich schon schrecken,
Sah in Dir einst meinen Feind;
Kein Entrinnen, kein Verstecken,
Wenn der Sensenmann erscheint.

Heute, wo ich Dir vertraue,
Ist Dein Schreckensbild gebannt;
Hab', je mehr ich in Dich schaue,
Einen Freund in Dir erkannt.

Wird es noch so schwer das Leben,
Hältst Du sicher Trost bereit;
Mit Dir könnte ich entschweben,
Hilft allein die Möglichkeit.

Weiß ich mich mit Dir im Bunde,
Kann ich wirklich frei erst sein;
Jede Fessel, jede Wunde
Wird bei Deinem Anblick klein.

Will das Leben mich nicht lassen,
Gib mir schnell den sanften Kuß;
Laß mich Deine Hand erfassen,
Leg den Arm um Sisyphus.

Wenn die Blätter fallen ...

Wenn die Blätter fallen, kommt mir in den Sinn,
Wie wenig ich doch, wie vergänglich ich bin,
Und ich fühl die für mich bestimmte Zeit
Als Atemzug der Ewigkeit.

In solchem Moment, da wünsch ich mir sehr,
Daß das menschliche Leben menschlicher wär,
Daß die Menschen im andern den Bruder sehn,
Sich nicht bekämpfen, einander verstehn,
Daß Liebe unser Leben durchdringt
Und so etwas Unvergängliches bringt.

Wenn die Herbststürme brausen, denk ich daran,
Daß sich niemand dem Schicksal entziehen kann,
Und der Mensch in seinem strebenden Sein
Erscheint mir plötzlich hilflos und klein.

In solchem Moment, da wünsch ich mir sehr,
Daß das menschliche Leben menschlicher wär,
Daß die Menschen im andern den Bruder sehn,
Sich nicht bekämpfen, einander verstehn,
Daß Liebe unser Leben durchdringt
Und so etwas Unvergängliches bringt.

Wenn Städte erlöschen, Kulturen vergehn,
Zeigt das, auf welch schwankendem Boden wir stehn,
Und was geschaffen von menschlicher Hand
Scheint brüchig, mir oft wie wertloser Tand.

In solchem Moment, da wünsch ich mir sehr,
Daß das menschliche Leben menschlicher wär,
Daß die Menschen im andern den Bruder sehn,
Sich nicht bekämpfen, einander verstehn,
Daß Liebe unser Leben durchdringt
Und so etwas Unvergängliches bringt.

Schwebe Seele!

Schwebe Seele! Ins Vergehen
Einer sanften Ewigkeit;
Brauchst die Welt nicht mehr zu sehen,
Hinter Dir liegt all das Leid.

Wirst Dich in Dir selber finden,
Kannst nun ruhn in Dir allein;
Keine Wünsche, die Dich binden,
Eins mit Dir im eignen Sein.

Schwebe Seele! Ins Vergehen,
Überwunden Raum und Zeit,
Und im Einklang werden stehen
Augenblick und Ewigkeit.

Auch der Moment

Auch der Moment wär schon vergangen,
Zwar schön, doch letztlich hätt gefangen
Er uns in Fragen, Selbstverzehren,
Der Leidenschaft und dem Begehren.

Die Ruhe hätte er gestohlen,
Uns angelächelt unverhohlen,
Und sich entfernt aus unsrem Leben
Als hätte es ihn nie gegeben.

Ja, würd allein Vernunft uns lenken,
Wir würden uns wohl kaum verrenken,
Um für den Augenblick zu wohnen,
Im Glücksgefühl der Illusionen.

Doch das Gefühl bringt den Gedanken,
Der klar sich gibt dann doch ins Wanken,
Um im Moment, dem wunderbaren,
Sich einmal selbst noch zu erfahren.

In dem Mitleid liegt die Liebe

In dem andern selbst sich spüren,
Seine Tränen und sein Leid,
Zart die Seele zu berühren,
Mit ihm fühlen jederzeit,

Zeigt im Mitleid uns ein Lieben,
Das den andern nie vergißt,
Tief im Herzen eingeschrieben,
Vielleicht selbst die Liebe ist.

Unvergängliche Liebe

Die Blätter, wie sie im Winde verwehn,
Ein Bild für das menschliche Schicksalsgeschehn,
Denn alles Erleben, gleich welcher Zeit,
Verliert sich in Vergessenheit.

Nur wo wir zeitlich als ewig erscheinen,
Uns unvergänglich in Liebe vereinen,
Erreichen wir Unsterblichkeit,
Im liebevollen Leben zu zweit.

So können wir uns zum höchsten erheben,
Gleichsam im schönsten Sinn für ein Leben;
Mögen die Blätter im Winde verwehn,
Diese Liebe wird niemals vergehn.

Du und ich

Die Gedanken an Dich,
Ein Denken für mich?
Dich fühlen, berühren,
Um mich selbst zu spüren?

Die Liebe zu Dir,
Als Sehnsucht nach mir?
Ein Sichselbsterleben
Durch Dich und Dein Geben?

Das Sehnen als Sucht,
Der Wirklichkeit Flucht?
Aus Enge und Kühle
Ins Land der Gefühle.

Das Schauen in Dich
Als Balsam für's Ich,
Noch einmal nicht sehen
Die Welt im Vergehen.

Im Nichtsgefühl der Ewigkeit

Im Nichtsgefühl der Ewigkeit
Verschwimmt die Welt zum Alptraumland;
Aus Jahren wird Sekundenzeit
Und alles fließt, nichts hat Bestand.

Du lebst im eigenen Vergehn,
Die Hoffnung starb, der Schritt wird schwer,
Dabei beginnst Du hellzusehn,
Zukunft birgt kein Geheimnis mehr.

Fehlt Liebe Dir, so bist Du fern
Dem Lebensziel, mußt einsam sein,
Und wie ein längst erloschner Stern
Gehst ins Unendliche Du ein.

Das Leben

Zähl ich die vielen Stunden,
In Freude und im Leid,
Die ich hier hab gefunden
In meiner Lebenszeit,

Was hat dann von den beiden
Das größere Gewicht,
Die Freuden oder Leiden,
Mir sicher bin ich nicht.

Wohl gut, es lag dazwischen
Der Alltag, der verzehrt,
Wo sich Gefühle mischen
Die nicht der Rede wert.

Und doch, die Alltagspflichten,
Sie geben uns ein Ziel,
Uns darauf auszurichten
Im wechselvollen Spiel,

Dem Denken auszuweichen,
Des Seins Vergeblichkeit,
Das, was wir nie erreichen,
Führt gnädig durch die Zeit.

Mein Haus

Da sitz ich in mir
Wie in einem Haus,
Schau so in die Welt
Zum Fenster hinaus.

Man sieht das Haus an
Und denkt, das wär ich,
Wird manches schon sehn,
Doch sicher nicht mich.

Das Haus wird nun alt,
Ich fühl mich noch jung,
Wohl wahr, es fehlt schon,
Ein bißchen der Schwung.

Ich will zum Erhalt
Nicht rasten, nicht ruhn,
In so einem Haus
Da gibt's viel zu tun.

Doch wie ich's auch dreh,
Es wird nicht mehr neu,
Glaub, was wirklich zählt,
Ist, bleibe Dir treu.

Du fühlst, dieses Haus,
Nun ja, schon recht dumm,
Denkst oft jetzt daran,
Fällt demnächst wohl um.

Vergänglichkeit

Was wir einst sichtbar waren,
Wird langsam sichtbar klein;
Der Mensch schrumpft mit den Jahren,
Sichtbar bedenklich ein.

Ich seh sie noch, die Schönen,
Ihr Anblick war Gewinn,
Kann mich nicht dran gewöhnen,
Die Anmut ist dahin.

Die Schönheit ist vergangen,
Es ziehen Wolken auf,
Verfolgen wir mit Bangen
Der Zeiten schnellen Lauf.

Sind dabei dankbar offen
Für jeden Sonnenstrahl,
Viel läßt sich nicht erhoffen,
Man weiß, es war einmal.

Bald endet nun das Leben,
Die Tage werden schwer,
Was uns einmal gegeben,
Es kommt zurück nie mehr.

Zum Ableben

Wenn sich hin zu Ewigkeiten
Unsere Gedanken weiten,
In dem Herzen stille Trauer,
Uns erfaßt ein kalter Schauer,

Spüren wir die Einsamkeit,
Das Vergehen unsrer Zeit,
Wie der Lebenskreis sich schließt,
Keine neue Hoffnung sprießt,

Um bald alles abzugeben,
Was verblieben noch im Leben,
Für den Weg zum Ungewissen,
Den allein wir gehen müssen,

Der entzieht sich dem Gefühl,
Unbegreiflich, fern und kühl,
Der uns alle Sinne raubt,
Bleibt nur Trost dem, der fest glaubt.

Dankbarkeit

Sollte man mich dankbar nennen?
Ich denk schon, daß die mich kennen,
Zugestehn mir Dankbarkeit,
Selten in der heutgen Zeit.

Denn es war stets mein Bestreben,
Jenen was zurückzugeben,
Die Beachtung mir geschenkt,
Zeigten, daß man an mich denkt.

Doch in meinen späten Tagen
Möcht ich Dank nicht ganz versagen
Selbst dem widerlichen Pack,
Das verdarb oft den Geschmack

An des Lebens reinen Quellen,
Um sie bitter zu vergällen;
Jetzt, wo sich das Leben neigt,
Seinem Ende und mir zeigt,

Daß es leichter fällt zu rüsten
Für den Weg nach fernen Küsten,
Da man all das läßt zurück
Mit dem bißchen Erdenglück.

Aus der Wahrheit leben

Einssein mit dem eignen Glauben,
Aus der Wahrheit, die wir leben,
Lassen wir uns niemals rauben,
Würden unser Leben geben,

Um es aufrechtzuerhalten
Gegen willkürliches rechten
Der verlognen Staatsgewalten,
Die mit ihrer Macht uns knechten.

Auch im Scheitern aufrechtstehen,
Damit setzen wir ein Zeichen,
Können noch im Untergehen
Einen Lebenssinn erreichen.

Illusion

Die Illusion der schönen Träume,
Im Nichts verweht, sie trägt nicht mehr;
Verwaist der Hoffnung letzte Räume,
Mit kahlen Wänden, inhaltsleer.

In Angstgebilden eingefangen,
Aus Lebensleere, Einsamkeit;
Verloren, lebend schon vergangen
Im Nichtsgefühl der Ewigkeit.

Gefangen

Gefangen in der gleichen Haut,
Im Atemzug der Ewigkeit
Des kurzen, langen Lebens.
Im Selbstverzehr sich abgebaut,
Hoffnung verloren mit der Zeit
Und Mühe war vergebens.

So ziehn die dunklen Jahre hin
Im gleichgetönten Einerlei,
Auftakt zum letzten Reigen,
Mit Fragen was, wofür ich bin,
Vielleicht ein unterdrückter Schrei
Vor'm ewiglichen Schweigen.

Nur eine Träne

Schwebst Du zu Lebenszeiten,
In allen Ewigkeiten
Durch grenzenlose Weiten
Totaler Einsamkeit;
Ein jedes Du verloren,
In Leere eingeboren,
Wird noch das Kreuz zum Leben,
Qualvoll doch Hoffnung geben,
Teilt eine Träne nur Dein Leid.
Im abgrundtiefen Schauen
Erfaßt Dich kaltes Grauen,
Und die Erlösung wär ein Tod!

Schöner Schein

Schöner Schein, der mich berührte,
Wohl für einen Augenblick
Aus der Dunkelheit entführte,
Gab mir ein Gefühl zurück,

Das ich längst verloren wähnte,
War für mich der Stoff zum Traum,
Den ich einstmals so ersehnte,
Heute bleibt dafür kein Raum.

Trotzdem bin ich Dir verbunden
Schöner Schein, für etwas Licht;
Hab gesucht doch nie gefunden,
Was war Schein nur und was nicht.

Die rein geistige Beziehung

Wenn wir uns im Nichtverstehen
Irgendwann mal wiedersehen,
Ist doch besser das Verstehen,
Auch wenn wir uns dann nicht sehen.

Vielleicht können die Gedanken
Ohne visuelle Schranken,
Sich erst richtig frei entfalten
Und im geistigen Gestalten

Zueinander wirklich finden
Ohne innerliches Binden;
Sind auch frei so von Gefühlen,
Die vielleicht den Geist aufwühlen,

Gar im sinnlichen Erspüren,
Die Gedanken dreist verführen;
Schweben besser wir in Sphären
Der Erkenntnis reiner Lehren,

Kann die Schwerkraft nicht erfassen,
Unsre körperlichen Massen,
Und wir werden uns im Denken
Freundlich Geistiges nur schenken.

Mein Freund

Wie ist Dir fürchterlich zumute
Und wie siehst Du die Welt so kahl;
Dein Herz zergeht im eignen Blute,
Verkrampft sich in der Fieberqual.

Der Schleier, der die Sinne trübte,
Der Augen Schutz vor grellem Licht,
Er ist dahin, der so geliebte
Und unbedeckt ist Dein Gesicht.

So hilflos streckst Du Deine Hände
Vergebens in die Leere hin,
Ach! Wenn Dein Flehn Erbarmen fände,
Doch niemals bringt es Dir Gewinn.

Du wälzt und windest Dich verzweifelt,
Geblendet von dem hellen Strahl,
Der Dich durchbohrend schmerzend geißelt,
Ins Grab Dich stürzt wohl tausendmal.

Mein Freund, kannst Du hier überleben,
In diesem harten Kampf bestehn?
Wirst Du Dich ächzend schwer erheben
Und aufgerichtet wieder sehn?

Den Blick verharrend auf ein Ziel,
Umkränzt, bezaubert von dem Licht;
Das zu erreichen kostet viel,
Verspricht Dir die Erlösung nicht.

Wirst Du erneut im Schleier wandeln,
Der dich umhüllt wie Samt so weich,
Wo für Dich fremde Mächte handeln,
Bis Du erwachst im Jammerreich?

Treuebruch

Ein Edelmann, jung voller Mut,
Nahm Treue sehr genau;
Sein allergrößtes Erdengut
War seine schöne Frau.

In seinen Armen schenkte sie
Die Liebe ihm zurück,
Der Glanz, den sie der Welt verlieh,
Verhieß für ewig Glück.

So lebten sie in Amors Bann
Froh in den Tag hinein,
Nur einmal schien der Edelmann
Gar sehr betrübt zu sein.

Was ist es, das Dich traurig stimmt?
Ich fühle Deinen Schmerz,
Wenn Kummer Dir den Frohsinn nimmt,
Dann öffne mir Dein Herz!

Mit soviel liebendem Verstand
Befragte sie den Mann;
Der nahm sein Weib sanft bei der Hand
Und hub zu reden an.

Mir ist so bang, daß mir einmal
Dein Herz verlorengeht;
Doch könnt ertragen ich die Qual,
Wenn Dir Gewinn entsteht.

Nur müßtest Du, treibt es Dich fort,
Im Herzen kräftig sein;
Zur rechten Zeit ein ehrlich Wort
Ist läuternd reiner Wein.

Du bist mir alles liebster Schatz
Erwiderte sie drauf;
Verlier ich neben Dir den Platz,
Hört auch mein Leben auf.

Von diesem Tag an zog vorbei
Noch manch ein schönes Jahr;
Es lebten unbeschwert die zwei
Als ein verliebtes Paar.

Bis auch ihr Himmel, sonst so klar,
Sein schönes Blau verlor;
Es ward dem Hofe offenbar,
Daß Schlimmes stand bevor.

Der Edelmann zog aus zur Jagd,
Wollt schießen einen Hirsch,
Sein Herz schlug aber so verzagt
Und leid wurd ihm die Pirsch.

Er sprang auf's Pferd, das hielt sich brav
Im todeskühnen Ritt,
Des Herren Gut lag noch im Schlaf
Als er vom Sattel glitt.

Gerade da entfernte sich
Ein Jüngling aus dem Haus;
Wie er sich schnell von dannen schlich,
Sah er verdächtig aus.

Der Edelmann wurd leichenblaß,
Sein Weib! Im schnellen Lauf,
Erfüllt von schmerzvoll wildem Haß,
Stieß er die Kammer auf.

Die Frau zu Tode fast erschreckt,
Das Antlitz angstverzerrt,
Ihr Treuebruch war nun entdeckt,
Der Ausweg ihr versperrt.

Zwei Schüsse hallten fürchterlich,
Ein neuer Tag begann;
Im Todeskampfe wand sie sich,
Tot war der Edelmann.

Unser Lehrer

Kinder, die zur Schule gingen,
Zwanzig Jahre ist es her;
Heut so alt wie einst ihr Lehrer,
Und der lebt nun schon nicht mehr.

Er gehörte noch zu denen,
Derer man sehr gern gedenkt,
Dem ich traurig in Erinnrung
Eine Träne hab geschenkt.

Könnte er doch unsern Kindern
Auch ein guter Lehrer sein;
Davon gibt es nicht so viele,
Ging in unsre Herzen ein.

Sehnsucht

So sehnsuchtsvoll ist mein Verlangen,
Dich jeden Augenblick zu sehn;
Gedanken halten mich gefangen
Bis wir gemeinsam wieder gehn.

Muß ich Dir einen Tag entsagen,
Verliert mein Leben diese Zeit;
Das Herz ist dann erfüllt mit Klagen,
Betrübt in seiner Einsamkeit.

Du meine Herzenskönigin
Regierst mit ungeteilter Macht;
Es wird bestimmt von Deinem Sinn,
Ob Dein Reich weint und ob es lacht.

Liebstes Wesen

Gedanken halten Dich umschlungen liebstes Wesen,
Nur Traurigkeit könntst Du in meinen Augen lesen;
Die Lippen brennen, dürft ich Dich wahrhaftig fühlen,
Die Stirn am Herzen meiner tiefen Sehnsucht kühlen!

Die Zeit! Hilf mir Geliebte, sei mein, sie zu bestehn,
Ich träum von unsrem Leben, dem schönsten Wiedersehn;
Wenn eins wir fest umschlungen uns schenken Lebensstunden,
Der Freudentränen Glanz der Liebe Wert bekunden.

Stadtgetriebe

Stadtgetriebe: Tausend Willen
Sind dein Motor, deine Weise,
Fest bestimmt und ohne Grillen
Wie gebannt in einem Kreise.

Der Motoren stetes Dröhnen,
Gleichsam hunderten Maschinen,
Scheint den Menschen zu gewöhnen,
Zwingt als Sklave ihn zu dienen.

Darum eile ich von hinnen,
Fort vom ruhelosen Treiben,
Mich im Innern zu besinnen
Und so in mir selbst zu bleiben.

So sind wir

So sind wir und so bleiben wir,
Des Erdballs allergrößte Zier;
Wir bauen und vermehren,
Zerschlagen und verheeren.

Sich gerne haben oder hassen,
Vermögen ganze Menschenmassen,
Und nimmt man nur Personenkreise,
Na schweigen wir, dann sind wir weise.

Da rennen, hasten sie dahin,
Ein jeder so nach seinem Sinn;
Man lebt am besten heiter,
Denn Zeit läuft nun mal weiter.

Genießen, etwas haben,
Sind wohl die schönsten Gaben;
Sie krönen dann das Leben,
Ach! Mög man uns vergeben!

Ein Osterei

Ich wünsche Euch ein Osterei,
Das wie gleich folgt beschaffen sei:
Rein stofflich kann man es nicht fassen,
Denn solche Eier gibt's in Massen.

Dies Ei ist neu und wächst jetzt mit
Gedanklich und zwar Schritt für Schritt;
Sein Baustoff ist die Wunschidee,
Die tunlichst in Erfüllung geh!

Im Ei der Wunsch nach Sonnenschein,
Soll wohlbedachter Inhalt sein;
Daß Euch im Herzen Lust gedeih,
Sei ebenfalls bestimmt im Ei!

Dazu ein solches Reisejahr,
Wie es so schön noch niemals war;
Gesundheit, Liebe, froher Sinn,
Doch bitte, werft das Ei nicht hin!

Dich erfreun

Seit langem bin ich schon am Denken,
Wie ich Dich wohl erfreuen kann,
Denn mit Verstand nur soll man schenken,
Wenn man einander lieb gewann.

Doch keine Frucht zeigt mein Bestreben,
Es fällt mir wirklich gar nichts ein;
Ich will nicht geben um zu geben
Und selbst dadurch erleichtert sein.

Beklommen steh ich nun vor Dir,
Denn leer sind meine Hände;
Drum wünscht ich, daß dies Wort von mir
Ein wenig Anklang fände:

Mög Dir auch fernerhin die Zeit
Viel Glück und Freude bringen,
Dem Künstler in der Lauterkeit
So manches Werk gelingen.

Bleib uns gesund und voller Mut,
Laß Dich durch nichts auch stören;
Mit Deiner Frau als höchstem Gut
Kann mehr Dir nicht gehören.

»Hab Dank«

Du weißt von diesem Leben mehr,
Als ich, der langsam ich am Wachsen bin;
Doch müht der Mensch sich noch so sehr,
Geheimnis bleibt um unsrer Schöpfung Sinn.

Trotzdem gibt es manch schönes Ziel,
Das den, der es erreicht, im Sein erhebt,
Denn es bedeutet für ein Leben viel,
Wenn man auch in den Herzen andrer lebt.

So bring ich Dir ein kleines Wort,
Das in sich einen tiefen Sinn enthält;
»Hab Dank«, es gelte immerfort,
Als Ausdruck einer eignen schönen Welt.

Siebzig Jahre

Man kann auch gerne siebzig sein,
Das hast Du jetzt erfahren;
Im Alter erst wird gut der Wein,
Und Weisheit wächst mit Jahren.

Es ist wohl Friede eingekehrt
In Dein bewegtes Leben;
Er macht die Zeit Dir lebenswert,
Sollt Dich beglückt erheben.

Blick Du herab auf diese Welt,
Versuch sie zu verstehen,
Und wenn sie sich Dir widrig stellt,
Dann mußt Du's gar nicht sehen.

Das ist der weisen Jahre Kunst,
Ich wünsch Dir alles Gute;
Bleib immer in des Glückes Gunst
Bei herzensfrohem Mute.

Mein Schöpfer

Gar manches was der Schöpfer machte,
Zeigt, daß er nicht nur göttlich dachte;
Dafür zeigt er sich manches Mal
In seiner Schöpfung genial.

So schuf er unsre Erde rund,
Hier tat sich seine Weisheit kund,
Denn er bestimmte sie alsbald
Dem Wesen Mensch zum Aufenthalt.

Wär nun die Erde nicht global,
Wir merkten es wohl allemal;
Es gäbe irgendwo dann Kanten,
Grad wie im Zoo bei den Verwandten.

So aber ist sie Gott sei Dank!
Unendlich breit, unendlich lang,
Und holt der Schöpfer mich nach oben,
Ich werd ihn darob herzlich loben.

Dies Leben ist schon wundersam

Dies Leben ist schon wundersam,
Dacht' ich als ich dahinter kam;
Man muß es wohl ertragen
In allen Lebenslagen.

Die Jugend trägt, das Alter trägt,
Ja alles trägt, was sich bewegt;
Erst wenn man sich zu Grabe legt,
Wird man von Engelein gepflegt.

Doch vorher gibt es keine Rast,
Du hast ja nur das was Du hast,
Und wenn der Engelstraum erlogen,
So ist man zweimal gleich betrogen.

Die Jungfrau trägt voll Ungeduld
Die schwere Last der Ohneschuld;
Den Jüngling drückt das Schießgewehr,
Doch wünschen wir den Frieden sehr;

Gemeinnutz trägt man Stolz zur Schau,
Absahnen tut Genosse Klau;
Der kleine Mann trägt das gelassen,
Die Großen kriegt man nicht zu fassen.

Der eine trägt am Bauche sehr,
Beim andren bleibt der Magen leer,
Und gute alte Tanten
Die tragen die Brillanten.

Nur Liebe trägt man heut nicht mehr,
Gefühle wiegen viel zu schwer;
Man muß auch wirklich sagen,
Es gibt genug zu tragen.

Die Sprache der Liebe

Die Sprache der Liebe sind Blicke,
Denn Blicke sind mehr als ein Wort,
Und schauen wir uns in die Augen,
Verstehen wir beide sofort.

Die Sprache der Liebe ist Fühlen,
Denn Fühlen ist mehr als ein Wort,
Und wenn wir einander streicheln,
Verstehen wir beide sofort.

Nichts kann schöner als Liebe sein,
Und mit Worten fängt man sie nicht ein.

Die Sprache der Liebe sind Taten,
Denn Taten sind mehr als ein Wort,
Und wenn wir uns etwas schenken,
Verstehen wir beide sofort.

Die Sprache der Liebe ist Sehnsucht,
Denn Sehnsucht ist mehr als ein Wort,
Und wenn wir einander erwarten,
Verstehen wir beide sofort.

Die Sprache der Liebe sind Tränen,
Denn Tränen sind mehr als ein Wort,
Und müssen wir einmal weinen,
Verstehen wir beide sofort.

Nichts kann schöner als Liebe sein,
Und mit Worten fängt man sie nicht ein.

Nur ein Tropfen auf dem heißen Stein

Viele Menschen würden Gutes tun,
Aber wie, das wissen sie nicht;
So lassen sie es, weil sie glauben,
Kleine Gaben falln nicht ins Gewicht.

Jeder weiß vom Hunger in der Welt,
Kennt das Bild vom traurigen Kind,
Dem Kind, das elend sterben muß,
Wenn wir nicht bereit zur Hilfe sind.

Jeder kennt die Leiden in der Welt,
Kann plötzlich selbst betroffen sein,
Doch Hilfe, Trost, die gibt es nur,
Steht einer für den andern ein.

Jeder weiß vom Kummer den es gibt;
Der alte Mensch in Einsamkeit,
Er würde schon sehr dankbar sein,
Hätt man für ihn nur etwas Zeit.

Viele Menschen würden Gutes tun,
Aber wie, das wissen sie nicht,
So lassen sie es, weil sie glauben,
Kleine Gaben falln nicht ins Gewicht.

Nur ein Tropfen auf dem heißen Stein
Ist der Tropfen sieht man ihn allein;
Doch wenn viele Tropfen sich verbinden,
Können sie die Dämme überwinden.

Auf einer Insel ...

Auf einer Insel möchtest Du sein,
Weit fort von hier im Sonnenschein;
Auf einer Insel, wo Dich keiner stört,
Einer kleinen Insel, die nur Dir gehört.

Doch so eine Insel, was nützt sie Dir schon?
Sie macht Dich nicht glücklich, ist Illusion;
Dein Glück liegt nicht weit fort von hier,
Es ist ganz nah, es liegt in Dir!

Sieh einmal in Dich hinein,
Dein Glaube kann die Insel sein;
Ist da ein Mensch, der zu Dir hält,
Hast du das größte Glück der Welt.

Sieh einmal in Dich hinein,
Die Hoffnung kann die Insel sein;
Bist Du ein Mensch, der Liebe gibt,
Wirst Du ganz sicher auch geliebt.

Sieh einmal in Dich hinein,
Du kannst Dir selbst die Insel sein;
Dein Glück liegt nicht weit fort von hier,
Es ist ganz nah, es liegt in Dir!

Danke schön

Danke schön,
Sage ich, weil ich Glück empfinden kann,
Und ich glaube, ein jeder spürt irgendwann,
Wo die Quelle des Glückes liegt.

Danke schön,
Sage ich, weil ich Liebe fühlen kann,
Sieht ein Kind mich mit leuchtenden Augen an,
Bin ich dadurch schon reichlich beschenkt.

Es ist die Liebe, die uns Reichtum gibt,
Wem dafür der Sinn fehlt, der hat nie geliebt;
Es ist die Liebe, die uns Menschen erhebt,
Wer nie geliebt hat, der hat nie gelebt.

Danke schön,
Sage ich, weil ich auch verzeihen kann,
Und gewinnen für sich wird jedermann,
Der auch an den anderen denkt.

Danke schön,
Sage ich, so lange es Liebe gibt,
Wenn die Quelle des Glückes nicht versiegt,
Braucht auch Frieden nicht Wunsch nur zu sein.

Es ist die Liebe, die uns Reichtum gibt,
Wem dafür der Sinn fehlt, der hat nie geliebt;
Es ist die Liebe, die uns Menschen erhebt,
Wer nie geliebt hat, der hat nie gelebt.

Die Anderen

Wie ist das Leben voll von Leid,
Von Kummer, Elend, Einsamkeit!
Ein jeder Mensch spürt das einmal
Und trägt der schweren Lasten Qual.

Verzehrt sich gar im Leib Dein Herz
Und weiß nicht ein noch aus im Schmerz,
Drängt Dich gar zur Verzweiflungstat,
Dann kommst Du ab vom rechten Pfad,

Denn Du vergißt, daß Du allein,
Trägst nicht das bittre Los der Pein;
So mancher lebt in dieser Welt,
Den Schicksalslos noch tiefer stellt.

Denk nicht im Elend nur an Dich,
So mildern Deine Qualen sich;
Du mußt der Schöpfung trotz der Pein
In tiefer Demut dankbar sein.

Verachte nicht des Menschen Leben,
Für den es kaum noch lohnt zu streben;
Verachte seine Hoffnung nicht,
Indem Du löschest aus Dein Licht.

Nimm Dich des andern Armen an!
Bleib sein Verbündeter alsdann;
So könnt ihr beide weiterleben
Und euch zu Siegern noch erheben!

Reich durch Geld

Reich durch Geld ist keine Tugend
Und ersetzt auch nicht die Jugend;
Gleichwohl scheint in unsrem Leben,
Geld zu sein, wonach wir streben.

Reich durch Geld nur ist gefährlich,
Läßt die Herzen selten ehrlich
Und entzweit, doch Mann und Frau
Sehn das oft nicht so genau.

Reich durch Geld nur ist drum ärmlich,
Zeigt den Menschen recht erbärmlich;
Macht ihn auch bestimmt nicht frei,
Geld und Glück sind zweierlei.

Jesus Christ Du darfst nicht leben

Jesus Christ mit langem Haar und gemaltem Heilgenschein;
Laßt uns beten, laßt uns singen, er kann Gottes Sohn nur sein.
Jesus Christ mit langem Haar, Gott! Doch ohne Heilgenschein,
Du verdammter Gotteslästrer, stecht es ab das Ketzerschwein.

Jesus Christ, Du darfst nicht leben, bist nur lieb als Gottesbild,
Kommst Du zu uns auf die Erde, werden Deine Schafe wild.
Komme nicht, denn Deine Lämmer wollen gute Schafe sein;
Kommst Du, werden sie auch heute wieder Deine Mörder!

Ein Moment der Ewigkeit

Was wir haben ist die Zeit
Als Moment der Ewigkeit;
Deshalb sollt es unterbleiben,
Sich die Zeit noch zu vertreiben.

Auch vertreiben sie zu lassen
Durch Zerstreuung für die Massen,
Um im Geist sich zu erheben,
Diesen Augenblick zu leben,

Aus der uns gegebnen Kraft,
Damit sie Bewußtsein schafft,
Um im Augenblick auf Erden
Etwas aus uns selbst zu werden,

Das dem Leben Sinn verleiht
Über die Vergänglichkeit,
Daß sich öffnen uns die Türen,
Die zum wahren Leben führen.

Die schöne Stadt

Die Stadt, sie war mein Heimatort,
Mit Parks, den schönen Bäumen,
Der Alster, Elbe mir ein Hort,
Mit all den Jugendträumen.

Wo Menschen mir begegnet sind,
Die gaben mir Vertrauen;
Hier wollt, so dacht ich schon als Kind,
Mein Leben ich aufbauen.

Man sprach damals von Kaufmannsehr,
Von stolzen Hanseaten,
Heut zählt das alles nun nicht mehr,
Wo sind wir hingeraten?

Den Ton gibt an das große Geld,
Die Bürger solln sich bücken,
Weil sogenannte Herrn von Welt
Sie durch ihr Sein beglücken.

Die Ehre scheint ein leeres Wort,
Der Staat zu korrumpieren,
Ich frag mich, zieh ich lieber fort,
Hier kann ich nur verlieren.

Die Stadt, die einst mir Heimat war,
Es tut mir leid, wie schade,
Sie ist nicht mehr so wunderbar,
Schön blieb nur die Fassade.

Tät die Dummheit weh

Bei der Schöpfung die Idee,
Daß die Dummheit täte weh,
Wurd zugunsten für das Leben
Ganz schnell wieder aufgegeben.

Wenn die Dummheit schmerzlich wär,
Gäb's die Menschheit wohl nicht mehr,
Denn das Schreien und das Klagen
Hätte sie nicht lang ertragen.

Stell man sich das heute vor,
Überall das Schrein im Ohr,
In Gebäuden, auf den Straßen,
Es wär wirklich nicht zum Spaßen.

Auch des Nachts hätt niemand Ruh,
Keiner kriegt ein Auge zu,
Im Verlaufe unsres Lebens
Kämpfen Götter selbst vergebens,

Gegen all die Dummheit an,
Die der Mensch begehen kann;
Deshalb danken wir von Herzen,
Daß sie auftritt ohne Schmerzen.

Deutschland über alles?

Deutschland über alles lieben,
Ist das meine Wirklichkeit?
Was ist mir davon geblieben
Im Verlauf der Lebenszeit?

Krieg war als ich wurd geboren,
Elend starb die Mutter bald,
Was man hatte, ging verloren,
Sie war jung, der Vater alt.

Fing zum zweiten Mal im Leben
Wieder ganz von vorne an;
Unser Staat hat nichts gegeben
Ihm, dem alten, kranken Mann.

War im Staatsdienst nicht gewesen,
Kein Parteimitglied dazu,
Wäre sicher sonst genesen
In der wohlverdienten Ruh.

Sein Los war, daß er sich quälte
Bis zum letzten Atemzug,
Als ich fünfzehn Jahre zählte,
Traurig ihn zu Grabe trug.

Doch er hatte mich geleitet
Liebevoll, mit fester Hand,
So daß ich gut vorbereitet
Früh auf eignen Füßen stand.

Hab als Vorbild ihn erfahren,
Wurd, ich glaubte ihm zur Ehr,
Immerhin mit zwanzig Jahren
Offizier der Bundeswehr.

So ging ich dann durch das Leben,
Aufrecht, sah mich in der Pflicht,
Hab dem Staate stets gegeben
Und stand schließlich vor Gericht,

Weil ich wagte, mich zu wehren,
Gegen Lüge, Niedertracht,
Menschen, die man hält in Ehren,
Wegen ihrer Wirtschaftsmacht.

Denen Richter, wie Lakaien,
Scheint mir, treu ergeben sind,
Was mir wertvoll war entweihen,
Und das Recht wurd wieder blind.

Diese Richter wolln mich lehren
Wie im Land man Ordnung schafft,
Mich zum Duckmäuser bekehren,
Drohen mir mit Ordnungshaft.

So kann ich das Land nicht lieben,
Es verdirbt, wird wieder krank;
Viel ist leider nicht geblieben,
Drum Ihr Richter, besten Dank!

Frage nach dem Sinn

Fragt man nach dem Sinn im Leben
Fällt so manchem gar nichts ein;
Wie wärs, würd man sich erheben,
Um verantwortlich zu sein?

Gegen Unrecht aufbegehren,
Durch das Leben aufrecht gehn,
Gegen Willkür sich erwehren,
Auch für andre einzustehn.

Sich nicht einfach führen lassen
Wie das Rindvieh, fest am Band
Als ein Teil gelenkter Massen,
Wozu hat man den Verstand?

Um im Leben Sinn zu finden,
Durch verantwortliches Sein
Werden alle Zweifel schwinden,
Und der Sinn, er stellt sich ein.*

*Sh. Viktor E. Frankl,
»Der Wille zum Sein«, Seite 46

Sinn und Sein

Vom Sein zum Sinn,
So kann man werden
Ganz sicher etwas
Hier auf Erden.

Vom Sinn zum Sein
Zeigt an, was ist,
Ob du etwas
Geworden bist.

Und dieser Sinn
Er stellt sich ein
Durch das verant-
Wortliche Sein.

Heimat

Heimat würd den Ort ich nennen,
Wo sich Gleichgesinnte kennen,
Menschen, die einander achten,
Sich mit Freundlichkeit betrachten.

Die vereint den Rahmen geben,
Um in Frieden frei zu leben,
Ängstlich nicht beiseite stehen,
Ächten unrechtes Geschehen.

Wo nicht Einzelne verlachen
Recht und sich zu Herren machen
Über uns, uns unterdrücken,
Daß wir uns vor ihnen bücken.

Sich nicht im geringsten schämen,
Würde anderen zu nehmen,
Und noch Unterstützung finden,
Da muß das Vertrauen schwinden.

Dort, wo nicht die Obrigkeiten
Sich aus Eigennutz herleiten,
Über eigene Interessen
Allgemeines Wohl vergessen,

Sondern unser Tun begleiten,
Wege ebnen, vorbereiten,
Und für Recht und Ordnung stehen,
Dort würd ich die Heimat sehen.

Vom Nichts zum Sein

Nichts ist so, wie es mal war,
Auf den ersten Blick scheint's klar;
Alle Dinge, die wir sehen,
Werden einst im Nichts vergehen.

So ist es zu allen Zeiten,
Menschen, die uns hier begleiten,
Plötzlich gibt es sie nicht mehr,
Fehln in unsrem Leben sehr.

Nach den zehn Geboten leben,
Wahrheit höchsten Rang zu geben,
Gab es und dann wieder nicht,
Einmal Dunkel, einmal Licht.

Ziel des Menschen sei: Auf Erden
Aus dem Nichts zu Etwas werden;
Nichts ist nämlich niemals Sein,
Stellen wir uns darauf ein.

Unabhängigkeit

Fraglos, es dürfte beengen,
In der Schlinge festzuhängen
Mit dem Hals, und solchen Zwang,
Den erträgt man meist nicht lang.

Immer heißt, an etwas hängen,
Eingebunden sein in Zwängen,
Sei's, daß möglicher Verlust,
Ängstigt auch nur unbewußt.

Können wir nicht existieren,
Weil den Menschen wir verlieren,
An dem Leib und Seele hängt,
War'n wir zu stark eingeengt.

Freisein in dem eignen Leben,
Diese Freiheit andern geben,
Zeigt, daß man das Leben liebt
Und den andern, weil man gibt.

Schließlich wird uns auch beengen,
Wenn die Dinge an uns hängen;
So gesehen hilft allein,
Unabhängigkeit im Sein.

Dein Gewissen muß Dich leiten

Dein Gewissen muß Dich leiten,
Überprüf es stets auf's neu;
Auch in Deinen schweren Zeiten,
Bleibe ihm von Herzen treu.

Dein Gewissen muß Dich lenken
Und begleiten den Verstand,
Ist bei allem klugen Denken
Unsrer Würde Unterpfand.

Mögen Dich die Menschen richten,
Laß sie werfen ihren Stein;
Können niemals Dich vernichten,
Hältst Du Dein Gewissen rein.

Für die Freiheit

Freiheit läßt sich nur bewahren,
Wenn das Volk dahinter steht;
Im Bewußtsein der Gefahren,
Wachsam in die Zukunft geht.

Heißt moralisch auszurichten
Schon die Jugend mit dem Mut,
Sich der Freiheit zu verpflichten
Als der Menschheit höchstes Gut.

Um den Einzelnen zu achten,
Würde, den aufrechten Gang,
Unterdrücker zu entmachten,
Gilt der Kampf ein Leben lang.

Unsren Eigenwert bezeugen,
Mit dem Blick zum Guten hin,
Sich dem Unrecht nicht zu beugen,
Gibt dem Leben seinen Sinn.

Jetzt ist auch der Hermann tot

Jetzt ist auch der Hermann tot;
Hermann, Mensch du altes Haus,
Saßt mit mir im selben Boot,
Nun ist es endgültig aus.

Dreißig Jahre ist es her,
Damals, und ich danke Dir,
Arbeitnehmer, warst viel mehr,
Wurdest fast ein Teil von mir.

Du warst mir von Herzen treu,
Und das ist kein leeres Wort,
Wie oft spürt ich es auf's neu,
Jetzt bist Du für immer fort.

Ich werd nun das letzte Stück
Ohne Dich noch weitergehn;
Wär für beide wohl ein Glück,
Könnten wir uns wiedersehn.

Vergeben und vergessen

Vergeben und vergessen,
Die Schuld war sicher klein,
Ich denk, infolgedessen
Wird das auch richtig sein.

Man mag dem wohl vergeben,
Der seine Schuld erkennt,
Verändert sie sein Leben,
Wenn sie im Herzen brennt.

Doch läßt sich kaum ermessen
Das Ausmaß, ihr Gewicht,
Ich denke, sie vergessen,
Wär falsch, man darf es nicht.

Und es gibt Greulerleben,
Da steht es uns nicht an,
Dem andern zu vergeben,
Weil Gott allein dies kann.

Ziel des Lebens

Sich im Dasein zu erheben,
Es als Wagnis zu erleben 1)
Voller Schönheit, groß und rein
Sollte Ziel des Lebens sein.

Eine Stätte könnt es werden,
Wo im Leben hier auf Erden,
Wahrheit und Vernunft gedeiht, 2)
Liebe wird zur Wirklichkeit.

Dem entgegen wirkt die Lehre,
Daß es wahrlich besser wäre
In dem Dasein nicht zu stehn,
Gar nicht erst die Welt zu sehn. 3)

Bei dem, was ich selbst erfahren,
Läßt sich mit Kritik nicht sparen;
Dort vertrat die Unvernunft
Ausgerechnet jene Zunft,

Die dem wahrheitlichen Streben
Müßte alle Ehre geben,
Weil, was man so leicht vergißt,
Würde nur mit Wahrheit ist.

Für die Masse gilt die Liebe
Als ein Spielball ihrer Triebe;
Da verwundert es dann nicht,
Daß das menschliche zerbricht.

Wenn auch nur in kleinsten Kreisen
Menschen Liebe sich erweisen,
Wahrheit und Vernunft bestehn,
Sollt man jedoch Hoffnung sehn. 4)

1) 2) 4) Sh. Karl Jaspers »Mitverantwortlich« Seite 200 f.
3) Sh. Schopenhauer »Aphorismen zur Lebensweisheit« Seite 152

Qualen eines Kindes

Kaum sahst Du das Licht der Welt,
Da begannen Deine Qualen,
Wurdest lieblos abgestellt,
Keine Augen, die erstrahlen,

Wenn sie schauten Dein Gesicht,
Keine liebevolle Stimme,
Es folgte, man glaubt es nicht,
Deine Leidenszeit, die schlimme.

Kamst dreimal ins Krankenhaus,
Wer hat Dich brutal geschlagen?
Hauchtest fast Dein Leben aus,
Bist zu klein, um das zu sagen.

Doch dann hat man sich besonnen,
Nahm Dich Deinen Eltern fort,
Warst der Hölle nun entronnen,
Brachte Dich an einen Ort,

Wo Dir Liebe wurd gegeben,
Konntest in Gesichter schaun,
Erstmals fingst Du an zu leben,
Lächelnd, in Dir wuchs Vertraun.

Doch wenn Deine Eltern kommen
Zu Besuch, das ist ihr Recht,
Zitterst Du, bist wie benommen,
Weinst, Dir geht es wieder schlecht.

Jetzt soll ein Gericht entscheiden,
Ob Du vielleicht mußt zurück
Zu den Eltern, um zu leiden,
Kurz war dann Dein kleines Glück.

Und den Richter hört man sagen,
Dafür ständ die Chance sehr gut,
Ihn sollt man zum Teufel jagen,
Wenn er dieses Unrecht tut.

Meiner Mutter

Von Bildern her da kenn ich Dich
Und außerdem noch vom Erzählen,
Dort hältst Du in den Armen mich,
Du solltest uns kurz drauf so fehlen.

Du starbst, ich war zwei Jahre alt,
Dein Schicksal traurig, kaum zu fassen,
Dein Bild in mir verblaßte bald,
Doch Du hast Spuren hinterlassen.

Jetzt, wo ich älter bin als Du,
Da spür ich wieder Deine Nähe,
Es scheint mir, daß ich ab und zu
In Deine lieben Augen sehe.

Auch Dein Gesang, der so betört',
Ließ viele Herzen höher schlagen,
Hab ich ihn damals schon gehört,
Ich brauche sicher nicht zu fragen,

Denn hör ich herrlichen Gesang,
Erfaßt mich heut ein tiefes Sehnen,
Es scheint mir so vertraut der Klang,
Ganz plötzlich kommen mir die Tränen.

Der Lebenskampf

Das ganze Leben ist ein Kampf,
Hat Schopenhauer schon beklagt,
Mitunter auch ein rechter Krampf,
Es unterliegt da, wer nichts wagt.

Halt Deinen Degen kampfbereit,
Riet deshalb Francois Voltaire,
Sei wachsam und denk jederzeit
An eine starke Gegenwehr.

Dem Übel weiche niemals aus,
Die Tapferkeit, sie sei Dein Ziel,
So fechte mutig aus den Strauß,
Verkündete bereits Vergil.

Drum kämpf ich gegen Lug und Trug
Und leiste meinen Widerstand
Bis hin zum letzten Atemzug
Trotz ich dem Unrecht hier im Land.

Wenn meine Welt zusammenbricht,
Bleib ich doch, wie Horaz es sagt,
Verschonen mich die Trümmer nicht,
In meinem Herzen unverzagt.

Ruhn im Tun

Im Nichtstun ruhn, hört ich Dich sagen,
So würdest Du Dein Schicksal tragen;
Nun gut, nur Du kannst das entscheiden,
Ich wünsch Dir sehr, Du mögst nicht leiden.

Doch meinst Du das im allgemeinen,
Ist solche Haltung zu verneinen,
Sonst würd man unrechtes Geschehen
Ganz einfach dulden, übersehen.

Wie oft ist denn noch aufzuzeigen,
Daß Mitschuld auch entsteht durch Schweigen;
Im Tun zu ruhn, würd das dem Leben
Nicht einen rechten Sinn erst geben?

Wie kann man wohl die Ruhe finden,
Wenn Menschen andre Menschen schinden,
Und werden sie an's Kreuz geschlagen,
Im Nichtstun ruhend dies ertragen?

Die Vorschriften

Müßt Ihr denn, was vorgeschrieben,
Immer gleich von Herzen lieben?
Statt in Eurem Kopf, dem trägen,
Es noch einmal abzuwägen.

Warum wollt Ihr Euch versagen,
Selbst Verantwortung zu tragen,
Vorschriften und auch Gesetze
Sind doch keine Ruheplätze,

Wie ein Freibrief, um das Denken
Abzunehmen, einzuschränken;
Bitter könnte sich das rächen,
Vergeßt niemals die Verbrechen,

Die als Unrecht auf Verlangen,
Festgeschrieben und begangen;
Und so muß zu allen Zeiten
Das Gewissen Euch stets leiten.

Ihm allein seid Ihr verpflichtet,
Wird nach höchstem Maß gerichtet,
Kann es keinem etwas nützen,
Sich auf Vorschriften zu stützen.

Das moralische Gefühl*

Einen Trost gibt es auf Erden,
Das moralische Gefühl
Kann zur sichren Hoffnung werden
In der Welt, die leer und kühl.

Mag dem auch entgegenstehen,
Was verspricht den Scheingewinn,
Ziehn wir vor, den Weg zu gehen
Durch die Dornen hin zum Sinn.

Für ein Wohl, das uns zu eigen,
Erst geborn aus schwerer Pflicht,
Wolln wir keine Schwäche zeigen,
Sehn im Dunkeln doch das Licht

Fern aus einem hellen Orte,
Es gibt für uns kein zurück,
Und dann öffnet sich die Pforte,
Führt zu einem höhren Glück.

*Sh. A. Schopenhauer »Aphorismen zur Lebensweisheit«
herausgegeben von Rudolf Marx; dort: »Zur Einführung« Seite XVII

Freiheit als Ziel

Ein wirklich lebenswertes Leben
Kann es nur in Freiheit geben; 1)
Allgemeingut muß sie sein
Wie die Luft zum atmen, rein. 2)

Nicht als Vorrecht von Interessen
Machtgebilden zugemessen, 3)
Deklariert mit großem Ton,
Doch dem Einzelnen zum Hohn.

Nur im dauerhaften Ringen
Um sie kann Freiheit gelingen,
Wenn ein fester Grund sie trägt,
Vom moralischen geprägt. 4)

Doch wenn Richter hier beflissen
Übersehen das Gewissen,
Etabliern den falschen Schein,
Engen sie die Freiheit ein.

Demokratisch keine Stütze
Fahrn den Staat sie in die Grütze,
Nach dem kurzen Zwischenspiel
Bleibt die Freiheit nur ein Ziel.

Sh. »Freiheit unser höchstes Gut«
Ein Lesebuch für die Abschlußklassen der Hamburger Schulen
2) u.3) Humanität und Staat von Theodor Plivier, Seite 22
1) u.4) Vom Kampf um die Freiheit von Benedetto Croce, Seite 150

An die Jugend*

Einer höhren Welt verpflichtet
Ist der Mensch; von der Natur
Hin zum Geist'gen ausgerichtet
Wie sonst keine Kreatur,

Wurde ihm das mitgegeben,
Was man ein Gewissen nennt,
Kann moralisch sich erheben,
Weil er gut und böse kennt.

Sollt nach allem, was geschehen,
Unabdingbar Richtschnur sein,
Für das Gute einzustehen,
Gegen den verlognen Schein.

Daß sich würd das Klima wandeln,
Dahingehend scheint noch fern,
Jeder Einzelne muß handeln,
Laß ihn leuchten Deinen Stern!

*Thomas Mann in »Freiheit unser höchstes Gut«
Ein Lesebuch für die Abschlußklassen der Hamburger Schulen,
Seite 23-25

Zwischen allen Stühlen

Wahrlich, zwischen allen Stühlen
Muß man sich nicht unwohl fühlen,
Und schiebt man den Stuhl Dir hin,
Macht es deshalb durchaus Sinn,

Sich zuerst einmal zu fragen,
Weshalb soll der Stuhl dich tragen?
Soll gereichen er zur Ehr
Oder dient er vielleicht mehr

Dazu, um dich gleichzuschalten,
Andrer Fahne hochzuhalten,
In dem Gleichschritt mitzugehn
Und nur noch wie sie zu sehn.

Das nun will mir nicht behagen,
Einen Nasenring zu tragen,
Und so wächst das Wohlgefühl
Für mich zwischen dem Gestühl.

Dort kann ich mich frei entfalten,
So wie's mir beliebt gestalten;
Gibt es dafür einen Tritt,
Warum nicht, er hält mich fit.

Die weiße Rose

Stolz im Deutschsein, dies Erleben
Kann »Die weiße Rose« geben;
Deshalb sollten wir sie hegen
Und der Jugend ans Herz legen.

Dabei ist sie unterdessen
Wie es scheint, fast ganz vergessen;
Sie, die in den schwersten Zeiten
Freiheitsrechte wollt erstreiten;

Hier in unsren deutschen Landen;
Junge Menschen, die dann standen
Vor den schaurig selbstgerechten
Richterlichen Henkersknechten,

Um gefaßt und ohne Bangen
Deren Urteil zu empfangen;
Diese Richter, das war Mode,
Straften grinsend mit dem Tode.

Gleichwohl im gepflegten Rahmen,
Nämlich in des Volkes Namen;
Was dahinter sie verstecken,
Kann auch heute noch erschrecken.

Nicht den Geist der weißen Rose,
Oftmals den der toten Hose,
Mit den abgestandnen Düften,
Die es dringend gilt zu lüften.

Unsre Fahne

Unsre Fahne aus dem Staub erhoben,
Einst zerrissnes, blutbeflecktes Tuch;
Grausam, schändlich mörderisches Toben,
Tausendfacher Unschuld weher Fluch.

Dieses schwere Erbe trägt die Jugend,
Wieder dröhnt beängstigender Schritt;
Der Gesang verheißt nur selten Tugend,
Eitler Mut marschiert beharrlich mit.

Ehrenzeichen wißt als eine Bürde,
Glanz läßt ahnen kalterstarrtes Blut,
Frohen Blick verzerrt, getretne Würde,
Schaurig Todes unbarmherzge Wut.

Traurig Sinn, so ernst Soldatenpflichten,
Und für sich steht jeder selbst allein;
Deine Taten wird man einmal richten,
Das Gewissen muß Dir Führer sein.

Stolz Deutscher zu sein?

Bist Du stolz Deutscher zu sein?
Diese Frage allgemein,
Dürfte manchen schon bewegen,
Fällt nicht leicht, sich festzulegen.

Es gab Männer, es gab Frauen
Voll Bewundrung anzuschauen,
Doch es gab auch Übeltäter,
Ganz abscheuliche Verräter.

Es gab eine Hochkultur
Und dann wieder Steinzeit nur;
Wird auch wohl nie anders werden
Mit den Menschen hier auf Erden.

Bist Du stolz ein Mensch zu sein,
Fällt Dir dazu etwas ein?
Kommt wohl auch das Unbehagen,
Dies so allgemein zu sagen.

Mußt Dich an Dir selber messen,
Ehre, Würde nie vergessen,
Bist geschnitzt aus solchem Holz
Steht Dir zu ein bißchen Stolz.

Schall und Rauch

Ich saß an meinem Mittagstisch
Mit zwei Damen, die beide rauchen;
Die Luft verqualmt, doch man sagt besser nichts,
Wenn Damen so etwas brauchen.

Sie rauchen sich ihre Gesichter grau,
Errauchen sich spätere Sorgen,
Wenn sie husten, klingt das nach Vergänglichkeit,
Doch sie denken wohl nicht an morgen.

Ein älterer Herr kam an den Tisch,
Sprach zu uns wie ein Roboter,
Oder war der Herr mit dem Membranenorgan
Ein auferstandener Toter?

Wir kennen ihn gut, den älteren Herrn,
Haben noch seine Stimme im Ohr,
Die er, er zeigte auf seinen Hals,
Zusammen mit dem Kehlkopf verlor.

»Vom Rauchen«, die Worte wie aus Metall,
Sie blieben zwischen uns stehen;
»Meine Damen, schaun sie mich genau an,
So kann es auch Ihnen ergehen«.

Die Damen wurden richtig bleich,
Sie blickten ehrlich betroffen,
Beteuerten mit Zigaretten wär Schluß,
Na denn, da kann man nur hoffen.

Tage später saß ich am Mittagstisch
Mit den Damen, die beide rauchen,
Die Luft verqualmt, doch man sagt besser nichts,
Wenn Damen so etwas brauchen.

Sie rauchen sich ihre Gesichter grau,
Errauchen sich spätere Sorgen,
Wenn sie husten, klingt das nach Vergänglichkeit,
Doch sie denken wohl nicht an morgen.

Lehrer, Kindern Kindheit geben

Jeden Morgen seh ich Fritzchen
Wie er in die Schule geht;
Auf dem Kopf sein gelbes Mützchen,
Wenn er läuft, ist es schon spät.

Mittags kommt er dann nach Hause
Und ist ziemlich abgespannt,
Vier, fünf Stunden trotz der Pause,
Für ein Kind schon allerhand.

Kürzlich traf ich Fritzchens Mutter
Und die klagte mir ihr Leid;
Bei den vielen Hausaufgaben
Bleibt zum Spielen ihm kaum Zeit.

Fritzchen war einmal so heiter,
Damit ist es jetzt vorbei;
Will er in der Schule weiter,
Hat er nachmittags nicht frei.

Zwei, drei Stunden sagt sein Lehrer,
Sind für jedes Kind grad recht,
Denn der Stoff wird immer schwerer,
Wer nicht lernen will, bleibt schlecht.

Sind die Hausaufgaben fertig,
Hat vom Tag er fast nichts mehr;
Fritzchen denkt dann immer wieder,
Wenn ich doch erwachsen wär.

Lehrer, Kindern Kindheit geben,
Liegt bei Euch, ist Eure Pflicht;
Kinder ohne Kind-Erleben
Klagen an, vergeßt das nicht!

Kindheit ist ein Ziel des Lebens,
Hat in sich schon Sinn allein;
Wer nur strebt, der lebt vergebens,
Kindheit sollte Freude sein!

Frieden heißt nicht keine Waffen

Frieden heißt nicht keine Waffen,
Menschen müssen friedlich sein;
Will ein Mensch den andern töten,
Reicht dafür doch schon ein Stein.

Um die Friedlichen zu schützen,
Haben Waffen einen Sinn,
Wer nicht friedlich ist, muß wissen,
Krieg bringt niemandem Gewinn.

Friedensfreunde nenn ich alle,
Die sich stelln gegen Gewalt;
Wer sich ängstlich selbst entwaffnet,
Ist von kläglicher Gestalt.

Nur die eigne Haut zu retten,
Egoistisch so ein Ziel;
Nein, wir wollen keine Toten,
Schon ein einz'ger wär zu viel!

So wie unsre Welt beschaffen,
Kommt das Kriegführn erst zum Schluß,
Wenn der Friedensfeind genau weiß,
Ihn trifft selbst der eigne Schuß.

Frieden heißt nicht keine Waffen,
Menschen müssen friedlich sein
Und dafür, daß sie es werden,
Setzt der Friedensfreund sich ein.

Es könnte doch sein ...

Die Welt hat Krieg genug gesehn,
Sind Menschen auch verschieden,
In allen Völkern wünschen sie
Den dauerhaften Frieden.

Wer unversöhnlich Haß verlangt,
Wird selber sich zerstören,
Wenn die Soldaten statt auf ihn
Auf ihr Gewissen hören.

Es könnte doch sein, es könnte doch sein,
Den Soldaten fiele einfach nicht ein,
Auf ihre Brüder zu schießen;
Sie liefen aufeinander zu,
Würden in die Arme sich schließen;
Es könnte doch sein, es könnte doch sein,
Die Kriegstreiber ständen plötzlich allein,
Es könnte doch sein!

Die Menschen auf der ganzen Welt
Haben ein Recht zum Leben,
Und nie mehr sollte es Gewalt
Zwischen uns Menschen geben.

Sind wir im Herzen fest vereint,
Die Brüder aller Seiten,
Die Herrn der Macht wärn kaum bereit,
Kriege vorzubereiten.

Es könnte doch sein, es könnte doch sein,
Den Soldaten fiele einfach nicht ein,
Auf ihre Brüder zu schießen;
Sie liefen aufeinander zu,
Würden in die Arme sich schließen;
Es könnte doch sein, es könnte doch sein,
Die Kriegstreiber ständen plötzlich allein,
Es könnte doch sein!

Unsere Denker

Denken für uns unsre Denker,
Ziehen uns wie Maschinen;
Richtungsweisende Lenker,
Wir applaudieren ihnen.

Denken um uns zu bedenken,
Sie die Loks, wir die Wagen,
Nehmen den Geist, den sie schenken,
Werden von ihnen getragen.

An unsre Denker gebunden,
Dürfen wir sie begleiten,
Nur nicht selber erkunden,
Essen was sie uns bereiten.

Denker auf Euren Geleisen
Könnt Ihr Bedachte ertragen,
Doch auf eigene Reisen,
Sollen sie sich nicht wagen.

Würdet dort sie verdammen,
Von guten Geistern verlassen,
Brauchen die nährenden Ammen,
Euch als Beherrscher der Massen.

Die Telefonkartei

Dreißig Jahre sind vorbei,
Meine Telefonkartei
Schau ich mir mal wieder an,
Wie die Zeit verändern kann.

Bei den Karten A und B,
Welche Lücken, das tut weh,
Grad als ob es gestern wär,
Doch schon lang sind sie nicht mehr,

Menschen, die ich gut gekannt,
Auf den nächsten Karten fand
Ich dann solche Namen auch,
Aufgelöst wie Schall und Rauch.

Das Gedächtnis ortet nicht
Für die Namen das Gesicht,
Und dann Freunde, die ich seh,
Beinah so als ob ich geh,

Über einen Friedhof still,
Die ich nie vergessen will,
Doch was war, das ist vorbei,
Ich schreib neu jetzt die Kartei.

Warum ist es nur so?

Warum ist es nur so,
Daß sich die Menschen nicht verstehn,
Im andern gern das Schlechte sehn,
Ich frage Euch warum?

Warum ist es nur so,
Daß man sich heute noch bekriegt,
Wo doch am Ende keiner siegt,
Ich frage Euch warum?

Es wär schön, so schön, wenn man fortan nicht mehr
In Worten nur von Frieden spricht
Und ihn dann, als sein die Worte alle leer,
Entgegen jedem Vorsatz bricht.

Ich seh ein Kind, das vor mir stehen blieb,
Und seine Augen sagen,
Ich vertrau Dir, hab mich lieb,
Darum muß ich Euch fragen.

Warum ist es nur so,
Daß sich die Menschen nicht verstehn,
Im andern gern das Schlechte sehn,
Ich frage Euch warum?

Es wär schön, so schön, wenn jeder Mensch erkennt,
Daß allen diese Welt gehört,
Und den andren Menschen seinen Bruder nennt,
Mit ihm erbaut und nicht zerstört.

Ich traf ein Paar, das unzertrennlich ist,
Und hörte sie einst sagen,
Ich bin nur, wenn Du bist,
Darum muß ich Euch fragen.

Warum ist es nur so,
Daß sich die Menschen nicht verstehn,
Im andern gern das Schlechte sehn,
Ich frage Euch warum?

Ein Lächeln

So oft sich ihre Wege schneiden,
Ein kurzer Blick, sie schaun sich an,
Ein Lächeln schenken sich die beiden,
Die junge Frau, der ältre Mann.

Als freundliches Erkennungszeichen,
Ist grade für die Ältren gut,
Was kann ein Lächeln doch erreichen,
Gibt auch ein bißchen Lebensmut.

Es zeigt, man wird noch wahrgenommen
Und daß man in den andern lebt,
Wenn solche Glücksmomente kommen,
Wie das doch gleich die Stimmung hebt.

Wir sollten öfter daran denken,
Es kostet nichts und bringt Gewinn,
Ein Lächeln anderen zu schenken,
Birgt in sich einen schönen Sinn.

Erlebnisse im Hotel mit König Alfred und seinem Hanswurst unter Berücksichtigung der Zensur durch das Landgericht Hamburg. Der Kampf eines Bürgers gegen ein Unternehmen mit faschistoiden Verhaltensweisen Band I-VIII

König Alfred und sein Hanswurst
Ein MALBUCH mit 66 heiteren Geschichten.
Für Jugendliche im Alter von 8-88 Jahren
ISBN 978-3-8334-8037-9

Die frivolen Geschichten
mit König Alfred und seinem Hanswurst
ISBN 978-3-8334-8038-6

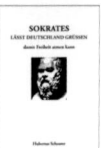

Sokrates läßt Deutschland grüßen –
damit Freiheit atmen kann
ISBN 978-3-8334-7988-5

Das große Kochbuch
Ein Menü für Juristen und verantwortungsbewußte Staatsbürger
ISBN 978-3-8334-7987-8

 Mir reicht´s - Deutschland ade
ISBN 978-3-8334-7986-1

 Für Dich
ISBN 978-3-8334-7975-5

 Nur noch für Dich – Eine Liebeserklärung
ISBN 978-3-8334-7976-2